Ronny Daniel Kupfer

Das Verhältnis von Herr und Knecht in Hegels Phänome-
nologie des Geistes aus inter- bzw. intrasubjektiver
Perspektive

GRIN Verlag

Bibliografische Information der Deutschen Nationalbibliothek:

Die Deutsche Bibliothek verzeichnet diese Publikation in der Deutschen National-
bibliografie; detaillierte bibliografische Daten sind im Internet über http://dnb.d-
nb.de/ abrufbar.

Impressum:

Copyright © 2014 GRIN Verlag GmbH
Druck und Bindung: Books on Demand GmbH, Norderstedt Germany
ISBN: 978-3-656-76244-7

Dieses Buch bei GRIN:

http://www.grin.com/de/e-book/281801/das-verhaeltnis-von-herr-und-knecht-in-
hegels-phaenomenologie-des-geistes

GRIN - Your knowledge has value

Der GRIN Verlag publiziert seit 1998 wissenschaftliche Arbeiten von Studenten, Hochschullehrern und anderen Akademikern als eBook und gedrucktes Buch. Die Verlagswebsite www.grin.com ist die ideale Plattform zur Veröffentlichung von Hausarbeiten, Abschlussarbeiten, wissenschaftlichen Aufsätzen, Dissertationen und Fachbüchern.

Besuchen Sie uns im Internet:

http://www.grin.com/

http://www.facebook.com/grincom

http://www.twitter.com/grin_com

Projektarbeit

Ronny D. Kupfer

Universität Leipzig

(SS 2014)

Das Verhältnis von Herr und Knecht in

Hegels Phänomenologie des Geistes aus inter-

bzw. intrasubjektiver Perspektive

Institut/

Studiengang: Sozialwissenschaften und Philosophie (KF)

Modul: Erkenntnistheorie und Metaphysik

Seminar: Subjekte der Begierde

Umfang: ca. 32.000 Zeichen

Inhaltsverzeichnis

Einleitung

In dieser Arbeit wird der Versuch unternommen, das als sehr schwer lesbar geltende vierte Kapitel aus Hegels *Phänomenologie des Geistes* (kurz: PdG), genauer die Passagen zur Selbstständigkeit und Unselbstständigkeit des Selbstbewusstseins, speziell und explizit entlang der Begriffe von Herrschaft und Knechtschaft, mithilfe zweier Lesarten zu erschließen. Freilich kann der Originaltext Hegels hier nicht im Detail interpretiert werden, auch wenn die Absicht dazu (im Sinne einer Kritik der zu vergleichenden Lesarten) zunächst angedacht war, würde dieser Ansatz den Rahmen der Arbeit um ein vielfaches übersteigen. Darum wird eine Betrachtung der Problematik von Herrschaft und Knechtschaft überwiegend durch die zu verwendenden Sekundärtexte erfolgen, wobei der Primärtext (die PdG; speziell das oben genannte Kapitel) vorausgesetzt und an Schlüsselstellen auch entsprechend eingearbeitet wird.

Die beiden Lesarten, die vorzustellen das primäre Ziel dieser Arbeit ist, stehen in einem gewissen Spannungsverhältnis zueinander. Es handelt sich bei den beiden Deutungen/ Lesarten zum einen um eine „intersubjektive" und zum anderen um eine „intrasubjektive" Perspektive auf das Verhältnis von Herr (bzw. Herrschaft) und Knecht (bzw. Knechtschaft). Das heißt, dass der Kampf um Anerkennung respektive das Verhältnis der beiden näher zu bestimmenden Größen von Herr und Knecht, den Hegel beschreibt, als Kampf verschiedener Subjekte mit- und gegeneinander (intersubjektive Lesart/ Perspektive) oder als Kampf innerhalb eines Subjektes bzw. einer Person (intrasubjektive Lesart/ Perspektive) gedeutet wird.

Die beiden Perspektiven werden hier exemplarisch vertreten bzw. im Sinne dieser Arbeit vergleichend zunächst gegeneinander positioniert; von Axel Honneth mit seinem Werk *Kampf um Anerkennung*[1] und Pirmin Stekeler-Weithofer mit seinem Werk *Philosophie des Selbstbewusstseins*[2]. Ziel dieser Gegenüberstellung ist die Herausarbeitung der systematischen Differenzen beider Ansätze und die Bewertung/ Beurteilung des eventuell auffindbaren (zu explizierenden) philosophischen Gewinns bzw. Verlusts, welcher durch die jeweilige perspektivische Verkürzung oder Erweiterung zu erwarten ist. Wobei zu erwähnen bleibt, dass auch andere Philosophen (gerade für den Fall der intersubjektiven Deutung/ Lesart) für diese Zwecke hätten herangezogen werden können – hier wurde eine repräsentative, zumindest aber eine für die Zwecke dieser Arbeit dienliche Auswahl getroffen. Der

1 Axel Honneth, Kampf um Anerkennung, suhrkamp taschenbuch wissenschaft, 2012.
2 Pirmin Stekeler-Weithover, Philosophie des Selbstbewusstseins, suhrkamp taschenbuch wissenschaft, 2005.

umfängliche Schwerpunkt der Arbeit wird dabei auf der Darstellung der intrasubjektiven Lesart Stekeler-Weithofers liegen, weil diese der traditionellen (und als inhaltlich mehr oder weniger bekannt unterstellten) Lesart in einem gewissen Sinne entgegensteht und sie daher neue Erkenntnisse verspricht; außerdem weil ihr Textbezug zum Original detaillierter und expliziter ausformuliert ist, was sich in seinem vollen Umfang erst mitten in der eigentlichen Textproduktion im Rahmen dieser Arbeit gezeigt hat.

Zudem wird an geeigneten Stellen das Werk *HEGEL ON SELF-CONSCIOUSNESS*[3] Robert B. Pippins hinzugezogen; zum einen, weil dessen Verweise auf den intrasubjektiven Ansatz von Pirmin Stekeler-Weithofer für diese Arbeit nützlich und der Sache nach angebracht sind, zum andern, weil Pippins eigener Interpretationsansatz (intersubjektive Deutung) der Problematik von Herr und Knecht in der PdG eventuell hilfreich sein kann.

1. Das Verhältnis von Herr und Knecht aus intersubjektiver Perspektive

1.1.   Der Kampf um Anerkennung bei Axel Honneth

In Axel Honneths Werk *Kampf um Anerkennung* (Untertitel: Zur moralischen Grammatik sozialer Konflikte) wird eine intersubjektive Perspektive auf das Verhältnis von Herr und Knecht eingenommen, welche die sozialen und politischen Konflikte und Kämpfe zwischen Menschen und verschiedenen Gruppen in den Fokus rückt. Das Werk ist dabei inspiriert von Hegels „Denkmodell" eines Kampfes um Anerkennung, welcher als Grundlage und Ausgangspunkt für eine normativ gehaltvolle Gesellschaftstheorie fruchtbar gemacht werden soll, ohne dabei alle idealistischen Voraussetzungen Hegels zu teilen.[4]

Diese einleitenden Bemerkungen aus dem Vorwort geben uns grob die Richtung und den Ansatz der intersubjektiven Perspektive vor und werden im Nachwort und im Rahmen einer auf das eigne Werk reflektierenden Rückschau Honneths durch die folgende Absichtserklärung ergänzt:

„[...] im wesentlichen lag dem die Absicht zugrunde, die von Hegel analysierten Strukturen der wechselseitigen Anerkennung nicht länger nur als Voraussetzungen des Selbstbewusstseins, sondern als praktische Bedingung eines positiven Selbstverhältnisses der Men-

---

3   Robert B. Pippin, HEGEL ON SELF-CONSCIOUSNESS, Princeton University Press, 2011.
4   Vgl. dazu Axel Honneth, Kampf um Anerkennung, S. 7.

schen zu begreifen."[5]

Das Zitat ist dabei für diese Arbeit in doppelter Weise nützlich, zum einen, weil es die intersubjektive Lesart Hegels voraussetzt und zum anderen, weil es bereits eine weitere Lesart oder Deutung beschreibt, nämlich den Bezug (und die Anerkennung) zu anderen Personen als eine Voraussetzung für eine intakte Selbstbeziehung. Eine ähnliche Bewegung über die ursprünglich eigene Lesart und Perspektive hinaus gibt es auch bei Stekeler-Weithofer zu beobachten, woraus sich die Möglichkeit einer Vermittlung[6] beider Positionen ergibt, was hier aber zunächst nur erwähnt sein soll.

Honneth folgte der Idee, dass Formen der wechselseitigen Anerkennung sich unterscheiden lassen und zwar nach ihrem jeweiligen Beitrag zur Ermöglichung bzw. Konstituierung einer bestimmten Form der individuellen Selbstbeziehung. Er unterschied demzufolge drei Anerkennungsmodi: Den der Liebe, den des Rechts und den der Solidarität.[7]

Aus dem Zitat und mit Blick auf die zusammengetragenen Gedanken Honneths wird klar, dass hier die jeweiligen Anerkennungsverhältnisse, in denen Menschen sich befinden können, in ihrer Bedeutung für das jeweilige Selbstverhältnis beleuchtet werden sollen. Dass diese Verhältnisse sogar konstitutiv für das jeweilige Selbstverhältnis sind, ist eine Idee, welche sich direkt auf Hegels Einfluss zurückführen lässt, wie es Honneth im obigen Zitat auch explizit macht. Hierauf wird Stekeler-Weithofer in seinem eigenen Ansatz Bezug nehmen und diesen Gedanken bejahen, aber als nicht ausreichend bemängeln, aber dazu an gegebener Stelle mehr. Eine aufschlussreiche Auflistung[8] aller Anerkennungsverhältnisse, inklusive des Ausweises ihrer verschiedenen sozialen und psychologischen Dimensionen und Effekte (z.B. auch die Missachtungsformen), vermittelt einen Eindruck von der Komplexität und von dem umfassenden Erklärungsanspruchs dieses Ansatzes, dem aber in all diesen Facetten hier nicht nachgegangen werden kann.

Dass der Kampf um Anerkennung seinen Platz zwischen den Subjekten (und Gruppen) hat, wird von Honneth vorausgesetzt, denn erst in einem Anerkennungsverhältnis, welches in diesem Sinne intersubjektiv ausgeformt ist, kann sich ein davon abhängiges Selbstverhältnis etablieren. Letztendlich teilt Honneth mit Hegel die Einsicht (so liest jedenfalls Honneth Hegel), dass es einen asymmetrischen Kampf um Anerkennung zwischen den Menschen gibt, welcher sich in einem Zustand der wechselseitigen Anerkennung als freie und

---

5 Axel Honneth, Kampf um Anerkennung, S. 308.
6 Welche durchaus in beiden zu untersuchenden (sich scheinbar ausschließenden) Lesarten zwar verschieden ausgeprägt und explizit gemacht, aber doch auf jeden Fall angelegt ist. Dies wird ein wichtiger Anknüpfungspunkt im dritten Kapitel dieser Arbeit sein.
7 Axel Honneth, Kampf um Anerkennung, S. 309.
8 Ebd., S. 211.

verantwortliche Personen aufhebt, wobei Honneth den metaphysischen und spekulativen Gehalt der Hegelschen Theorien durch eine Aktualisierung und durch empiristische Ansätze (z.B. denen von G. H. Mead) entschärfen und modernisieren will.[9]

1.2. Das intersubjektive Verhältnis von Herr und Knecht

Eine kleine Skizze der „traditionellen" Lesart (intersubjektiver Anerkennungsprozess) sei vorab erlaubt, lediglich um den Kontrast zur intrasubjektiven Lesart zu veranschaulichen. Das Verhältnis von Herr (Herrschaft) und Knecht (Knechtschaft) ist in diesem Sinne als eine Auseinandersetzung zwischen zwei Personen zu denken. In einem weiteren Sinne auch als der Kampf (auf Leben und Tod)[10] verschiedener Personen, Gruppen, Klassen oder Parteien gegeneinander, wobei sich durch diesen Kampf und die folgende Niederlage bzw. den Sieg einer Person oder Gruppe, die Unterwerfung der unterlegenen anderen Person oder Gruppe ergibt. Die unterlegene Partei wird so Knecht der siegreichen, welche von nun an die Herrschaft über den Knecht ausübt. Auf diese Weise wird dann auch alles Tun des Knechts ein Tun des Herrn[11], weil der Herr in Freiheit und Selbstbestimmung handelt, hingegen der Knecht nur mehr den Willen des Herrn wie ein Werkzeug auszuführen hat. Dieser Zustand ist eben nicht dauerhaft und stabil, sondern folgt einer (dialektischen) Bewegung, welche am Ende diese Verhältnisse wieder auflöst oder gar umkehrt, da beide Parteien die eigentliche Wahrheit und Gewissheit ihrer Selbst in diesem asymmetrischen Anerkennungsverhältnis nicht verwirklichen können. „Ziel" des auf diese Weise gerichteten Prozesses ist das zur Ruhe kommen dieser Kämpfe und der sie antreibenden Begierden[12] der Menschen in einem stabilen bürgerlichen Friedens- und Rechtszustand, in dem die Menschen als Personen frei und zugleich einander verpflichtet sind. So weit die sehr grobe Skizze des instabilen Verhältnis von Herr und Knecht, als ein Verhältnis zwischen zwei Menschen auf dem Wege zur Person.

Die Instabilitäten im Verhältnis der Menschen und Gruppen zueinander sind der Grund für die weitere Entwicklung dieser Verhältnisse, wobei die Ausformung von Recht und also die Frage nach der Gerechtigkeit relevant wird. So ist das Recht (die Rechtsverhältnisse) eine Anerkennungsform oder ein Ausdruck der Anerkennung eben auf dieser institutionalisierten Ebene, welche durch Missachtung und Verletzung zu weiteren Kämpfen um Anerken-

---

9 Axel Honneth, Kampf um Anerkennung, S. 107 ff.
10 Vgl dazu G.W.F. Hegel, Pänomenologie des Geistes, S. 149.
11 Ebd., S. 152.
12 Ebd., S. 150 ff.

nung (inklusive der damit verbundenen sozialen und politischen Konflikte) führt.[13] Im Prinzip ringen hier aus einer höheren Perspektive positives Recht und die Idee eines erst noch zu realisierenden idealen Rechtes miteinander, aber ganz konkret eben auch immer das bereits geltende positive Recht und dessen jeweilige fragwürdige Umsetzung. Auf diesen Ebenen lässt sich diese Problematik untersuchen und lässt sich auch das Modell von Herr und Knecht mehr oder weniger sinnvoll/ treffend anwenden.

Honneth betont an einer aufschlussreichen Stelle seines Werkes, dass der junge Hegel:

„ *[...] einem geradezu materialistisch anmutenden Programm gefolgt ist: den sittlichen Bildungsprozess der Menschengattung als einen Vorgang zu rekonstruieren, in dem über die Stufen eines Konfliktes ein moralisches Potential zur Verwirklichung gelangt, das in den Kommunikationsbeziehungen zwischen den Subjekten strukturell angelegt ist.* "[14]

Honneth übernimmt die Idee eines Kampfes um Anerkennung von Hegel, weist aber ein „übergreifendes Vernunftgeschehen" als metaphysische Prämisse zurück, wobei er selbstkritisch eingesteht, dass er die inhärente moralische Kraft, welche auch er als vorhanden voraussetzt, welche doch den Kampf um Anerkennung zwischen den „Subjekten" überhaupt erst entfacht und antreibt (und so für eine eine positive Entwicklung und für Fortschritt sorgt), nicht empirisch aufzeigen kann.[15] Die Geschichte wurde laut Honneth in dieser Tradition (Hobbes, Hegel, Marx) oft als ein gestufter Kampf um Anerkennung gedeutet bzw. gedacht, wobei der konkrete Textbezug Honneths stets eher vage bleibt, was die geplante Anwendung und einen Vergleich im Detail sehr schwierig macht, aber gleichzeitig den guten Grund liefert, seine Überlegungen in eben dieser Weise zu kritisieren: Sie sind oft abstrakt und ohne expliziten Textbezug.

---

13 Vgl. Axel Honneth, Kampf um Anerkennung, S. 7 – 9.
14 Axel Honneth, Kampf um Anerkennung, S. 107.
15 Vgl. Axel Honneth, Kampf um Anerkennung, S. 227.

2. Das Verhältnis von Herr und Knecht aus intrasubjektiver Perspektive

2.1. Philosophie des Selbstbewusstseins von Pirmin Stekeler-Weithofer

Als Vertreter einer intrasubjektiven Lesart des Verhältnisses von Herr (Herrschaft) und Knecht (Knechtschaft) gilt Primin Stekeler-Weiterhofer, welcher in seinem Werk *Philosophie des Selbstbewusstseins* (Untertitel: Hegels System als Formanalyse von Wissen und Autonomie) Stellung zu dieser Problematik bezieht. Dazu widmet er diesem Thema ein eigenes Unterkapitel „Herrschaft des Selbstbewusstseins und Knechtschaft des Leibes", im Kapitel 13, welches mit „Philosophie des Geistes" übertitelt ist. Auf das genannte Unterkapitel[16] wird in dieser Arbeit explizit Bezug genommen, weil es sehr gründlich und detailliert diese neue Perspektive nachzeichnet.

Leider ist ein hoher Grad an „Textnähe" zum Originaltext (hier Hegels *Phänomenologie des Geistes)* recht selten gegeben, gerade Axel Honneth bleibt zumeist reichlich vage in seinem Textbezug (was Hegel anbetrifft); vielleicht ist das eine mögliche Strategie, um mit Hegels oft als „dunkel" und schwierig geltenden Texten fruchtbar umzugehen. Diese brisante Frage soll zunächst offen gelassen werden, auch wenn sie die Schwierigkeiten bei der ausstehenden Plausibilitätsüberprüfung bereits vorankündigt.

Stekelers intrasubjektive Perspektive (Herr und Knecht als Selbstverhältnis) wird von Robert B. Pippin in dessen Werk *HEGEL ON SELF-CONSCIOUSNESS* in einem Atemzug mit den Ideen McDowells (welche hier aus Platzgründen nicht im Detail thematisiert werden können) genannt und es wird eine Widerlegung dieser Ansätze von Seiten Pippins angekündigt.[17] Hier wird bereits deutlich, dass auch Pippin („Auf der Seite" von Honneth und der „Tradition") für eine intersubjektive Perspektive/Lesart Hegels und gegen die Position von Stekeler und McDowell argumentieren wird, auch wenn dies in letzter Konsequenz an Stekelers Überlegungen vorbei geht[18], was im Verlauf dieser Arbeit gezeigt werden soll.

Zunächst soll der Ansatz von Pirmin Stekeler-Weithofer in seinem Verhältnis zum Gegenstandpunkt rekonstruiert und begriffen werden, anschließend soll auch er kritisch geprüft und in einer Perspektive auf beide Lesarten neu verortet werden.

---

16 P. Stekeler-Weithofer, Philosophie des Selbstbewusstseins, S. 412 - 419.
17 Robert B. Pippin, HEGEL ON SELF-CONSCIOUSNESS, S. 12 ff.
18 Stekeler argumentiert zwar mit engem Bezug zum Originaltext/Quelltext für seine Lesart, aber letztendlich schließt er die "traditionelle" Lesart nicht aus, er fordert nur ein überlegtes und textnahes Vorgehen, aber dazu an geeigneter Stelle mehr.

2.2.   Das intrasubjektive Verhältnis von Herr und Knecht

Im Folgenden wird der Ansatz von Pirmin Stekeler-Weithofer skizziert und das Verhältnis von Herr (Herrschaft) und Knecht (Knechtschaft) als die Herrschaft des Selbstbewusstseins und die Knechtschaft des Leibes dargestellt. Dabei werden die Rückgriffe auf die Tradition (Platon, Aristoteles, Kant) zwar genannt, aber lediglich der systematisch-theoretischen Abgrenzung zu Axel Honneths Ansatz wird im Detail und im Sinne dieser Arbeit nachgegangen.

Zunächst weist Stekeler darauf hin, dass die selbstbezügliche Rede auf bestimmte Weisen problematisch sein bzw. als paradox empfunden werden kann. Platons Rede von einer/meiner Seele und auch Kants Unterscheidung zwischen mir als einem geistigen und einem leiblichen Wesen soll nicht rein schematisch verstanden werden, denn ein korrektes Verständnis und Sprechen von diesen Verhältnissen setzt Urteilskraft, welche durch Erfahrungen in der jeweiligen Sache entsteht und anwächst, sowie Sprecher- bzw. Sprachkompetenz als Teilnehmer an einer Sprachpraxis (und an anderen sprachlich vermittelten Praxen) voraus. Stekeler konstatiert, dass es Kant letztendlich um eine Aufhebung des cartesianischen Dualismus von einer unmittelbaren res cogitans (denkende Substanz) und einer vermittelten res extensia (ausgedehnte Substanz) geht, welche aus Descartes reflexionslogischen Betrachtungen aus der Subjektperspektive hervorgehen, wobei der eigene Körper/Leib zur res extensia gehört.[19]

Das nun bei Platon und auch noch bei Descartes die menschliche Seele mit ihren besonderen Vermögen (Wahrnehmen, Denken, Wissen, Urteilen, Zwecke setzen und Wollen) als „Herr im Hause" des Leibes gilt, dieses Paradigma[20] wird von Stekeler in geistiger Gemeinschaft bzw. mit einem Rückgriff auf die Gedanken Kants und vor allem Hegels dekonstruiert und in seiner dialektischen (oder vermittelten, wechselseitig abhängigen) Struktur erklärt. Stekeler formuliert die leitende Frage nach dem Selbstbewusstsein oder nach dem expliziten Selbstbezug so:

„Wer aber bin ich, wenn ich mich auf mich selbst in meinem Tun beziehe und mich dabei in einer Weise ändere, die von anderer Art ist als die, in der sich zum Beispiel das Gras vom Frühjahr bis zum Herbst verändert?"[21]

---

19 Vgl. P. Stekeler-Weithofer, Philosophie des Selbstbewusstseins, S. 412.
20 Man hätte hier auch von einer Tradition der Interpretation, oder bloß von einem historischen Denkansatz sprechen können.
21 P. Stekeler-Weithofer, Philosophie des Selbstbewusstseins, S. 413.

Die Handlung an mir selbst kann Veränderungen auslösen, welche als Ursache meinen eigenen Willensentschluss haben. Ich verändere mich also selbst, durch eine Handlung, welche einen Bezug zu mir selbst hat bzw. herstellt, da diese Handlungen eine Wirkung auf meinen Leib/Körper haben. Ich handele also in diesem Sinne mehr oder weniger planvoll und überlegt an mir selbst und also muss ich mich von mir unterscheiden, denn sonst könnte ich keine Relation zu mir quasi als Objekt meiner Selbst erzeugen. Ich muss mich auf diese Weise gleichzeitig von mir distanzieren und identifizieren, hier kommt eine Art selbstbezüglicher Horizont[22] ins Spiel: Das Selbstbewusstsein ist nicht unmittelbar gegeben, es ist vielmehr der Prozess und das Ergebnis der Reflexion auf das Bewusstsein und der planenden Handlungen mit eben diesem etwas paradox wirkenden Selbstbezug.

Stekeler gibt an, dass diese scheinbar widersprüchlichen Strukturen (der Distanzierung von und Identifikation mit uns selbst) von Hegel als die logische Struktur des Selbstbewusstseins erkannt worden.[23]

Wenn meine heutigen Handlungen mit Selbstbezug Auswirkungen auf weitere solche Handlungen in der Zukunft haben, was wohl sehr häufig der Fall ist, dann kann man auch fragen, inwiefern aktuelle Handlungen (z.B. der Entschluss, das eigene Klavierspiel ernster zu nehmen und zu optimieren) eigene Handlungsspielräume in der Zukunft (z.B. einen Auftritt vor einem musikalisch gut geschulten Publikum) eröffnen oder verschließen können. Das klingt profan, aber oft wird nicht bedacht, dass wir aktuell nur jene Möglichkeiten nutzen können, die wir in der Vergangenheit auf eine Weise („in uns")[24] angelegt haben, sodass wir gewisse Angebote überhaupt annehmen können, weil wir ihnen gewachsen sind. Sofern man unter diesen Umständen ein solches Angebot erhält, aber das kommt sicherlich vor.

In den Ausführungen Stekelers folgt ein knapper Verweis auf die Theorien von Georg Herbert Mead, welcher - in der Tradition des Amerikanischen Pragmatismus stehend - darauf hinweist, dass eine Selbstbeziehung (z.B. die der Selbstachtung; wie auch der Gebrauch des Personalpronomens „Ich") immer schon eine Beziehung zu anderen voraussetzt. Stekeler bestätigt diesen Befund, fügt jedoch hinzu, dass diese Erkenntnis nicht ausreicht, um Hegels Analysen zum Selbstbewusstsein in ihrer Komplexität abzubilden bzw. zu begrei-

---

22 Zweck dieser vielleicht zu freien Paraphrasierungen des Originaltextes ist das Verstehen im Sinne der aktiven Aneignung (im Gegensatz zur bloßen Wiedergabe des Inhaltes) dieser Gedanken. Freilich in dem Bewusstsein, dass gewisse (hoffentlich semantisch ungefährliche) Ungenauigkeiten sich einschleichen könnten, welche aber im Verlaufe der Arbeit wieder aufgehoben werden können.
23 Vgl. P. Stekeler-Weithofer, Philosophie des Selbstbewusstseins, S. 413.
24 "in uns" meint hier keinen mysteriösen Innenraum, sondern lediglich das Vorhandensein von Fähigkeiten und Fertigkeiten, die wir als mehr oder weniger kompetente Teilnehmer an verschiedenen Praxen stetig üben, verbessern und wechselseitig kontrollieren.

fen.[25] Auf G.H. Mead bezieht sich auch Axel Honneth wesentlich, darum der Hinweis an dieser Stelle.

Nach diesen Vorüberlegungen und Herleitungen soll ein ausgewählter Schlüsselsatz Stekelers rasch zum eigentlichen Kern der Sache führen:

„In der berühmten Passage über das Verhältnis des 'Herrn' zum 'Knecht' in der Phänomenologie des Geistes geht es (zumindest zunächst) keineswegs um eine soziale Beziehung zwischen zwei Personen, etwa einem Ich und einem Du. Genaueres Lesen zeigt ganz klar, dass das allgemeine Thema eine intrapersonale Selbstbeziehung ist. "[26]

Hier wird der Standpunkt Stekelers und damit dessen Lesart der Problematik von Herr und Knecht explizit gemacht, wobei sehr genau auf die Formulierung „(zumindest zunächst)" und auf den Hinweis im zweiten Satz, nämlich den auf die bereits angedeutete Textnähe der Interpretation Stekelers, zu achten ist. Die Einschränkung „(zumindest zunächst)" zeigt an, dass Stekeler nicht auf seiner Lesart als einzig mögliche beharrt, sondern dass er seine Lesart/ Deutung als eine notwendige Vorüberlegung betrachtet, welche eine weiterführende Deutung des im Zitat genanten Originaltextes[27] im Sinne der intersubjektiven Lesart erst möglich und sinnvoll macht.[28] Jetzt wird m.E. auch klar, dass man diese Lesart (intrasubjektiv) nicht einfach und endgültig der anderen Lesart (intersubjektiv) als deren bloßes Komplement gegenüberstellen kann, sondern dass es Stekeler letztendlich um einen noch zu gewinnenden „dritten Standpunkt" im Sinne einer Synthese beider Perspektiven oder Momente geht. Jedenfalls schließt Stekeler die intersubjektive Lesart nicht letztgültig als falsch aus, sondern warnt lediglich vor voreiligen und zu abstrakten Deutungen, welche womöglich die Folge eines ungenauen Lesens des durchaus schwer lesbaren Kapitels der PdG sind.

Die Ausgangsfrage ist nach Stekeler die Frage nach dem Verhältnis vom Ich oder Selbst zum Körper, die Frage nach der Beziehung zwischen mir und mir, also die Frage nach dem Verhältnis von Bewusstsein und Selbstbewusstsein. Hegels Darstellung in Form eines Herren und eines Knechts nennt Stekeler eine Allegorie[29], also ein Gleichnis, welches in diesem Fall ein inneres Verhältnis quasi nach außen bloß projiziert. Darum wäre es eben ein Missverständnis, diese Darstellung vorschnell als ein Verhältnis zweier Personen oder Subjekte zueinander zu deuten.

---

25 Vgl. P. Stekeler-Weithofer, Philosophie des Selbstbewusstseins, S. 414.
26 Ebd., S. 414.
27 G.W.F. Hegel, Phänomenologie des Geistes, S. 150 ff.
28 Vgl. dazu auch P. Stekeler-Weithofer, Philosophie des Selbstbewusstseins, S. 419.
29 Ebd., S. 414.

Zunächst scheint klar zu sein, so Stekeler weiter, dass der „Herr" die Seele, das Bewusstsein, das Denken ist und das der „Knecht" mit dem Körper oder dem Leib zu identifizieren sei, weil die Seele (sie setzt die Zwecke) bestimmt, was zu tun ist und weil der Körper (er realisiert oder verwirklicht die Zwecke) nur deren Befehle ausführt[30]. Man könnte sagen: Es scheint zunächst so, als ob die Seele den Körper unterdrückt und das soll sie ja auch, sie zwingt den Körper scheinbar in die Knechtschaft des Geistes. Das entspräche wohl auch in etwa dem Ideal einer Herrschaft des Geistes (der Vernunft) über den Körper (der Lust und Neigung) bei z.b. Aristoteles oder auch in ähnlicher Form bei Immanuel Kant.

Stekeler deutet die entsprechende Passage in Hegels PdG (inklusive des „Kampfes um Anerkennung" und des „Kampfes auf Leben und Tod") zur Herrschaft und Knechtschaft als eine Darstellung eines traditionellen Selbstverhältnisses und eben gerade nicht als eine Auseinandersetzung zwischen verschiedenen Personen. Die Arbeit des Knechts ist die Arbeit des Körpers und der Kampf um Anerkennung findet zwischen der Absicht (geistig) und Umsetzung (körperlich) statt, wobei eine Nichtverwirklichung einer Absicht deren Tod bedeutet. Über einen sozialen Kampf, so hält Stekeler fest, wird in diesen Passagen nichts ausgesagt, dessen Vorhandensein wird aber durch die Vertreter der „spekulativen Lektüre Hegels" z.B. bei Axel Honneth (auch bei Marx, Lukas, Kojéve) behauptet.[31] Hier weist Stekeler noch einmal darauf hin, dass er versucht ist, eng am Originaltext gebunden zu interpretieren und dass er eine zu große Distanz bzw. ein zu abstraktes Vorgehen bei der Deutung dieser berühmten Textstellen nicht für ein taugliches Verfahren hält.

Stekeler erörtert nun den Kampf um Anerkennung im weiteren Verlauf seiner Analyse als den Kampf der präsentischen Neigungen des Leibes (Knecht) mit den zeitlich nicht unmittelbar an die Gegenwart gebundenen Absichtserklärungen des Geistes (Herr) oder der „Seele". Siegt der Geist (die Geistseele) mit seinen Vorhaben, Maximen und Plänen nicht gegen den trägen und von Neigungen erfüllten Leib (die Leibseele), so wird dessen Absicht im Nachhinein (post hoc) als bloßes Gerede entwertet. Es kämpfen demnach zwei Bewusstseinsformen miteinander: Ein „überpräsentisches" zeitliches (auf diese Weise vernünftiges und planvolles) Selbstbewusstsein (Herr) und ein nur präsentisches (instrumentelles und auf diese Art beschränktes) Bewusstsein (Knecht).[32]

Dieses auf Sokrates zurückzuführende und bis zu Kant reichende Philosophem (oder Modell) eines Kampfes der Vernunftseele gegen den Leib, respektive des Kampfes der praktischen Vernunft gegen die Neigungen, wird nun von Hegel als untauglich verworfen und

---

30 P. Stekeler-Weithofer, Philosophie des Selbstbewusstseins, S. 414 – 415.
31 Ebd., S. 415.
32 Ebd., S. 416 f.

dekonstruiert, betont Stekeler und fügt hinzu:

„Denn wenn der Herr gewinnt, wenn also die Absicht umgesetzt wird, ist es der Knecht, der arbeitende Leib, der die Absicht realisiert. Der Knecht ist daher strukturell der Herr des Verfahrens, nicht etwa das für sich allein kraftlose Selbst oder Selbstbewusstsein. "[33]

Der Herr ist also letztlich immer der Leib und es macht auch darum keinen Sinn, diesen von sich abzuspalten und sich ihm als vermeintlicher Herr (im Sinne des herrschenden Geistes) gegenüberzustellen. Der platonische und auch noch der cartesianische Dualismus eines autonomen Geistes und eines heteronomen Körpers ist bei Hegel überwunden. Hegel dekonstruiert auch die Idee, dass das denkende Ich angeblich die volle Kontrolle über die Inhalte seines Denkens habe. Dem ist nicht so, weil die Handlungsschemata zunächst erkannt und gelernt werden müssen, ehe sie dem Denken verfügbar sind, was das denkende Ich in hohem Maße abhängig macht z.B. von den jeweiligen Gegebenheiten des gesellschaftlichen Umfeldes. Selbstbewusstes und kontrolliertes Handeln ist überhaupt nur möglich durch das Lernen der korrekten Aktualisierung generischer (typischer, in einer Praxis etablierten) Handlungen und ist als solches stets vermittelt.[34]

Es bleibt nun die Frage nach der übriggebliebenen Kraft oder Macht des Geistes oder Bewusstseins gegenüber dem Leib (der Leibseele), nach dieser Kritik und Dekonstruktion des traditionellen Denkmodells zum Thema, bestehen. Pirmin Stekeler-Weithofer beendet seine Analyse des Verhältnisses von Herr (bzw. Herrschaft) und Knecht (bzw. Knechtschaft) mit einem skizzierten Hinweis darauf, dass das Selbstbewusstsein (als eine „Stufe" oder Verlaufsform des Geistes in der PdG) mit der wachsenden Einsicht in die Kulturtradition und Praxisformen des humanen Lebens sich verbindet und dass sich eine sozialtheoretische Interpretation unter gewissen Vorbehalten[35], z.B. gegen den Stoizismus, den Defätismus und den Skeptizismus, doch noch anschließen lasse.

---

33 P. Stekeler-Weithofer, Philosophie des Selbstbewusstseins, S. 417.
34 Vgl. P. Stekeler-Weithofer, Philosophie des Selbstbewusstseins, S. 418.
35 Ebd., S. 419.

3. Kritik beider Lesarten und Versuch einer Synthese

Jetzt kommt der sehr schwierige Teil dieser Arbeit, die Schwierigkeiten folgen dabei primär aus zwei grundlegenden Problemen: Zum ersten ist der Textbezug der beiden Perspektiven auf den Originaltext, wie bereits erwähnt, was ihre Genauigkeit und Transparenz angeht, sehr verschieden. Mit dieser Varianz und Differenz in Bezug auf den Maßstab, welcher ja zunächst das Original, also der Bezugspunkt beider Perspektiven sein muss, lässt sich nur umständlich und ungenau arbeiten, überwiegend darum, weil Honneths Position nicht hinreichend deutlich und im Detail ausbuchstabiert verfügbar ist. Zum zweiten stellt dieser Versuch eine gewisse inhaltliche Überforderung für eine so schmale Hausarbeit dar, aber dennoch soll er zu Übungszwecken in dieser Geltung unternommen werden, auch wenn dieser bescheidene Versuch einer Synthese an dieser Stelle teilweise abstrakt und holzschnittartig bleibt.

Außerdem muss eingeräumt und darauf hingewiesen werden, dass sich beide Lesarten nicht konträr gegenüberstehen, wie dies zunächst erscheinen mag oder oft geglaubt wird, also gibt es keine Berechtigung, eine Synthese oder Vereinigung beider Ansätze als eine besonders originelle und neue Angelegenheit zu bezeichnen. Es ist sowohl in Honneths hier verwendeten Texten als auch in in den Auszügen aus Stekeler-Weithofers Werk die jeweils andere Perspektive in einem gewissen Sinn schon angelegt, wenn nicht sogar mitgedacht. Stekeler-Weithofer weist explizit kritisch auf die Lesart der Gegenseite hin und räumt dieser ein beschränktes Recht auf Geltung ein, aber eben erst wenn die am Originaltext gerechtfertigten und explizierten Kritikpunkte Beachtung gefunden haben. Im Wesentlichen ging es Stekeler wohl um eine Art korrigierende „Verschiebung" oder topische Zuweisung der Problematik der intersubjektiven Anerkennungsverhältnisse auf einen Bereich in der PdG, welcher erst nach dem Selbstbewusstseinskapitel systematisch und folgerichtig eröffnet wird, nämlich den Bereich der Darstellung der Verlaufsformen des objektiven Geistes; vorher drehen sich Hegels Erörterungen (zumindest im Fall vom Verhältnis von Herr und Knecht) um ein Selbstverhältnis, nicht um ein Verhältnis zwischen verschiedenen Personen.

Honneth räumt aus seiner Perspektive und gegen Ende seiner Arbeit ein, dass es ihm um die geglückten intersubjektiven Anerkennungsverhältnisse als Voraussetzung respektive Bedingungen für intakte Selbstverhältnisse geht. Es wird also auch ein Selbstverhältnis nicht geleugnet und in dieser Sache erzeugen die beiden Ansätze auch keinen Widerspruch. Das Problem ist, dass Honneth implizit in der Tradition der intersubjektiven Lesart des

Kampfes um Anerkennung steht und diese als konstitutiv für die Selbstverhältnisse dar-stellt und wenn er damit die Wahrheit solcher Verhältnisse ausspricht, so bleibt eben den-noch unklar, ob Hegel durch die Analyse des Verhältnisses von Herr und Knecht eben ge-nau diese Wahrheit überhaupt schon ausgesprochen hatte. Denn wenn nicht, dann geht durch diesen Vorgriff auf intersubjektive Strukturen und durch diese (vielleicht falsche) Lesart ein wertvoller Bestandteil dieses Kapitels der PdG verloren: Nämlich der intrasub-jektive Kampf um die Anerkennung der Pläne und Absichten der Geistseele (zeitlich, ver-nünftig) mit der Leibseele (unmittelbar, der Neigung folgend).[36]

Aber wie kann man diese beiden Ansätze zusammen denken? Nach Hegel sicherlich, in-dem man die Momente und ihre partikulare Richtigkeit auf einen dritten (wahreren und komplexeren) Standpunkt aufhebt. Das größte Problem ist hier aber, dass Stekeler-Weitho-fer diese Denkbewegung eigentlich schon vorweggenommen hat und dass die Ausführung dieser Bewegung hier unmöglich aufgezeigt werden kann. Sie kann aber skizziert werden: Es müsste der intrasubjektive Kampf um Anerkennung innerhalb der Person in Relation zum intersubjektiven Kampf um Anerkennung transparent gemacht werden. Eine Explika-tion dieser zwei Verhältnisse müsste quasi in einer systematischen Darstellung des diese Sache betreffenden Gesamtverhältnisses aufgehoben werden. Vorsichtig gefragt: Ist das nicht gerade *eine* oder sogar *die* „Absicht" der PdG Hegels: Die Darstellung des Werdens (Das Finden der Wahrheit und Gewissheit) des Selbstbewusstseins als Ergebnis einer be-griffenen Vermittlung von Seele, Körper, sozialer Umwelt und Natur, welches durch Refle-xion auf ebendiese expliziert und in ihrer konkreten Komplexität und Abhängigkeit begrif-fen wird? Wenn dem so ist, dann sind in Hegels Denken bereits beide Positionen aufgeho-ben und Honneth und Stekeler haben zwei Momente des Verhältnisses von Herrschaft und Knechtschaft beschrieben, wobei Honneth womöglich schlicht zu früh im Text der PdG einen intersubjektiven Kampf um Anerkennung gesehen hat, oder sehen wollte, womit er ja, wenn nicht in guter, zumindest in zahlreicher Gesellschaft ist.

---

36 Eine Bemerkung am Rande: Hier drängt sich der Gedanke an Freuds hochspekulative Konstruktion der
Psyche mit ihren Instanzen "Es", "Ich" und "Über-Ich" und es dürfte interessant sein, diese Parallele
weiter zu verfolgen. Vielleicht ließe sich nämlich das "Über-Ich" in Stekelers Sinne, mit Rückgriff auf die
Tradition, als Geistseele deuten, welche immer schon eine vernünftige Praxis verinnerlicht hat und
welche damit dem "Ich", als vermittelnde Instanz zwischen "Über-Ich" (Vernunft) und "Es" (Trieb),
vernünftige Vorschläge macht. Auch hier könnte eine "sinnkritisch" und analytisch betriebene
"Demystifikation" der Freud'schen Theorien möglicherweise gewinnbringend sein.

Zusammenfassung und Schluss

Die beiden Lesarten bzw. Perspektiven wurden möglichst verständlich und nachvollziehbar und in ihrer perspektivischen Differenz dargestellt, was dem Hauptziel dieser nun doch etwas umfangreicher ausgefallenen Arbeit entsprach. Auf die Probleme bezüglich der Vergleichbarkeit und des unterschiedlich deutlichen Bezuges zum Originaltext in Hegels *Phänomenologie des Geistes* und die daraus folgenden Schwierigkeiten wurde hingewiesen, weswegen eine detaillierte Plausibilitätsüberprüfung oder -kritik am Originaltext, welche zunächst durchaus innerhalb dieser Arbeit angedacht war, aus dem Programm dieser Arbeit weitestgehend gestrichen wurde.

Dennoch ist es hoffentlich gelungen, die Gründe, welche für oder gegen die eine oder andere Lesart sprechen, aufzuzeigen und die jeweiligen Argumente plausibel darzustellen. Es gäbe viele Möglichkeiten diese Arbeit fortzusetzen, z.B. indem man den scheinbaren Widerspruch der beiden Lesarten noch weiter auflöst und aufzeigt, wie sich beide Perspektiven am Ende wechselseitig in ihrem Geltungsbereich einschränken könnten und wie sie so ein noch tieferes Verständnis dieses Sachverhaltes erlauben. Das gilt für die spannende Frage nach dem Verhältnis von Herr und Knecht, wie für die außerordentlich interessanten Fragen nach dem „Wesen" des philosophischen Selbstbewusstseins, als auch für das Begreifen und Nachvollziehen dessen, was genau Hegel nun in der PdG (an den jeweiligen Textstellen) eigentlich hat ausdrücken wollen.

Das Eingangs erwähnte Spannungsverhältnis der beiden Lesarten zueinander bleibt durchaus bestehen und doch ist es hoffentlich gelungen, eine Vermittlung zumindest zu skizzieren, was dem Ansatz oder der (vielleicht zu ambitionierten) Idee, welche den Anlass zu dieser Arbeit gab, entspricht. Eine Entscheidung zugunsten der einen oder der anderen Lesart kann es als Endergebnis dieser Darstellung nicht geben, weil beide Deutungen überzeugend (wenn auch unterschiedlich explizit) sind und weil m.E. der Originaltext keine der beiden Lesarten endgültig ausschließt. Ein nochmaliges Lesen der entsprechenden Kapitel in der PdG wird die diesbezügliche Urteilskraft, welche wohl nur vom Studium des Originaltextes herkommen kann, weiter stärken. Das neue Ziel, welches aus dieser Arbeit hervorgeht und welches durchaus scheitern kann, wäre eine detaillierte Plausibilitätsüberprüfung und eine Kritik der behandelten Lesarten am Originaltext.

Literaturliste

G.W.F. Hegel, Phänomenologie des Geistes, suhrkamp taschenbuch wissenschaft, 1986

Pirmin Stekeler-Weithofer, Philosophie des Selbstbewusstseins – Hegels System als Formanalyse von Wissen und Autonomie, suhrkamp taschenbuch wissenschaft, 2005

Axel Honneth, Kampf um Anerkennung – Zur moralischen Grammatik sozialer Konflikte, suhrkamp taschenbuch wissenschaft, 2012

Robert B. Pippin, HEGEL ON SELF-CONSCIOUSNESS – Desire and Death in the Phenomenology of Spirit, Princeton University Press, 2011

Charles Taylor, Hegel, suhrkamp taschenbuch wissenschaft, 1983